latente talente

Das Motivations- und Stärkenbuch zum Selbsteintragen

Die Hafenprinzessin

Dieses Buch gehört:

_____

Impressum

© 2018 youneo projects flick und weber GbR

Verantwortlich

Christian Flick / Mathias Weber

youneo projects flick und weber GbR, Poststraße 1, 49326 Melle

info@youneoprojects.de, www.youneoprojects.de

Herstellung und Verlag

BoD - Books on Demand, Norderstedt

Bildquellen

© ADragan/shutterstock (Cover), ddok/shutterstock

Hafenprinzessin® ist eine eingetragene Marke der youneo projects flick und weber GbR.

ISBN: 9783746099651

6

8

II

14

36

52

60

72

73

79

94

107